AF746677

Fausse Sécurité

Fausse Sécurité

B. Vincent

CONTENTS

Copyright © 2025 by B. Vincent
All rights reserved. No part of this book may be reproduced in any manner whatsoever without written permission except in the case of brief quotations embodied in critical articles and reviews.
First Printing, 2025

Introduction

Qui ne souhaiterait pas un peu plus de sécurité pour ses fonds d'investissement ? Qu'il s'agisse d'un salaire de plusieurs millions de dollars ou de 5 $ en Dogecoin, nous recherchons tous la tranquillité d'esprit financière. Cependant, en matière d'investissements passifs, ce sentiment de sécurité peut être plus difficile à obtenir qu'on ne le pense. Le coût réel de la détention d'une partie de son portefeuille en liquidités peut être difficile à évaluer en période de forte hausse des marchés. Pourtant, le prix des opportunités manquées peut être plus dévastateur qu'on ne le pense, même lorsque les risques à court terme semblent faibles. Il est évident que la finalité logique de tout processus d'investissement est bien un investissement ; nous investissons pour construire un avenir.

Le piège de la complaisance

Malheureusement, de nombreux investisseurs tombent dans le piège de la complaisance, pensant que les bonnes performances passées d'un investissement passif sont un gage de réussite future. Cette croyance s'applique non seulement à la performance générale du marché, mais aussi à la viabilité des investissements passifs dans des entreprises individuelles. Dévaloriser l'investissement passif en tant que stratégie peu sophistiquée revient à simplifier à outrance la question. Les entreprises à forte bastille économique ne constituent pas toutes de bons investissements compte tenu de leur capitalisation boursière actuelle.

L'essor des commerçants de détail

Depuis fin 2019, les principaux courtiers à frais zéro ont constaté une accélération de l'acquisition nette de nouveaux clients. Cette forte hausse a créé un décalage inquiétant entre les traders particuliers, dangereusement naïfs, qui croient recourir à des « stratégies d'investissement passives », et les fondamentaux qui rendent ces stratégies judicieuses.

Gardiens et stratégies passives

Il pourrait être avantageux pour les acteurs qui perçoivent des augmentations de frais de gérer tous les flux entrants gérés passivement, un peu comme s'ils préféraient un bateau qui rame tout seul. Une stratégie passive consiste à positionner des capitaux dans un portefeuille rentable de toutes les entreprises cotées en bourse du monde, offrant une illusion de sécurité qui pourrait ne pas résister à un examen minutieux.

Une plongée plus profonde

Dans ce livre, nous explorerons les idées fausses et les pièges de l'investissement passif. Nous explorerons comment des stratégies apparemment sûres peuvent parfois conduire à des opportunités manquées et à des risques négligés. En examinant les nuances du paysage de l'investissement, nous découvrirons pourquoi une approche plus active et éclairée peut s'avérer nécessaire pour véritablement sécuriser votre avenir financier.

1

Comprendre les investissements passifs

Un investissement passif est une méthode de génération de revenus utilisant des stratégies d'investissement nécessitant une intervention minimale de la part de l'investisseur. Ces stratégies consistent à acquérir des placements conçus pour être conservés à long terme, en privilégiant la maximisation des rendements sans avoir à effectuer de transactions fréquentes. Contrairement aux day traders ou aux investisseurs dépendants de l'actualité, les investisseurs passifs adoptent une approche « acheter et conserver », permettant à leurs investissements de croître au fil du temps. Cette stratégie est étroitement associée aux investisseurs indiciels qui visent la performance du marché sans gonfler les coûts d'investissement.

Types d'approches d'investissement passives

Il existe différentes approches d'investissement passives, notamment :

- **ETF/Fonds indiciels** : Fonds qui suivent les indices du marché, offrant une large exposition au marché.
- **Fonds sectoriels** : axés sur des secteurs industriels spécifiques.
- **Fonds indiciels de capitalisation boursière** : Investissements basés sur la capitalisation boursière des entreprises.

- **Fonds de dividendes** : Investissements dans des sociétés qui versent des dividendes réguliers.
- **Fonds équilibrés** : Un mélange d'actions et d'obligations pour équilibrer le risque et le rendement.
- **Fonds de cycle de vie** : conçus pour ajuster la composition de l'actif à mesure que l'investisseur approche de la retraite.
- **Fonds ESG et ISR** : Investissements prenant en compte des critères environnementaux, sociaux et de gouvernance.
- **Fonds mondiaux** : Investissements sur les marchés internationaux.
- **Fonds de revenu** : axés sur la génération de revenus réguliers pour les investisseurs.

Avantages des investissements passifs

- **Faibles coûts** : Frais et coûts de transaction réduits.
- **Gains constants à long terme** : rendements stables sur une période prolongée.
- **Exposition globale au marché** : Large diversification sur l'ensemble du marché.
- **Faible risque** : volatilité réduite par rapport au trading actif.
- **Facilité d'utilisation** : Simplicité dans la gestion des investissements.

Inconvénients des investissements passifs

- **Pas de « Battre le Système »** : Incapacité à surperformer le marché grâce à des stratégies à court terme.
- **Performance dépendante du marché** : dépendance aux tendances générales du marché.

- **Potentiel de rendement amplifié** : risque de concentration plus élevé si de nombreux investisseurs suivent la même stratégie.
- **Risques de liquidité** : Risque de problèmes de liquidité en période de baisse du marché.

Définition et types

Au début, les discussions sur les investissements s'articulent souvent autour de deux grands types : les investissements passifs et les investissements actifs. De nombreux investisseurs modernes, notamment ceux qui investissent dans les cryptomonnaies et les options sur actions, intègrent des placements passifs à leurs portefeuilles. Ces placements se caractérisent par une contribution quotidienne minimale une fois acquis, privilégiant les performances historiques plutôt que les rendements futurs potentiels.

Investissements actifs : À l'inverse, les investissements actifs impliquent une sélection réfléchie et des transactions fréquentes basées sur les perspectives de performance. Cette approche vise à surperformer les moyennes du marché grâce à des achats et des ventes stratégiques.

Avantages et inconvénients

Les investissements passifs offrent des avantages considérables, mais présentent également certains inconvénients. Ils capitalisent sur la dynamique du marché avec moins de transactions, souvent appelées « opérations de démarrage » par les économistes Eduardo Dávila et Cecilia Parlatore. Cependant, une forte participation au marché des stratégies passives peut réduire la diversité et amplifier les rendements, entraînant ainsi une perte de valeur potentielle et des problèmes de liquidité lors des rééquilibrages réguliers.

Avantages :

- Faibles coûts de transaction.
- Croissance régulière et à long terme.
- Large exposition au marché.
- Simplicité et facilité de gestion.

Inconvénients :

- Incapacité à surperformer le marché.
- Dépendance à la performance du marché.
- Risque de réduction de la diversité.
- Problèmes potentiels de liquidité.

En conclusion

Comprendre la dynamique des investissements passifs est essentiel pour tout investisseur. Bien qu'ils offrent simplicité et gains à long terme, il est essentiel d'être conscient de leurs limites et de leurs risques potentiels. En reconnaissant leurs avantages et leurs inconvénients, les investisseurs peuvent prendre des décisions éclairées, en phase avec leurs objectifs financiers.

2

L'essor de l'investissement passif

L'émergence de l'investissement passif tel que nous le connaissons remonte au milieu des années 1970, lorsqu'il est apparu comme une alternative à la gestion active traditionnelle. Il a rapidement suscité l'intérêt des universitaires et des investisseurs particuliers, sceptiques quant à la capacité des gestionnaires de fonds professionnels à générer des rendements supérieurs. Bien que des méthodes d'investissement passif existaient déjà au cours des décennies précédentes, les versions modernes du portefeuille passif et du fonds commun de placement indiciel n'ont fait leur apparition qu'en 1975 et 1976, respectivement.

Contexte historique et facteurs clés

L'abandon de l'investissement actif s'explique par la sous-performance constante et visible des actions et obligations individuelles par rapport aux indices de référence du marché diversifié. Les investisseurs ont commencé à prendre conscience que les fonds gérés activement ne surperformaient souvent pas le marché, faisant de l'investissement passif une alternative attractive.

Deux facteurs majeurs ont permis à l'investissement passif de gagner en popularité :

1. **Développement de l'actionnariat** : L'élargissement de l'actionnariat national a permis aux investisseurs individuels ordinaires de détenir plus facilement des actions. Avant les années 1970 et le début des années 1980, seules les familles très riches, les fonds communs de placement et les fonds de pension pouvaient se permettre d'investir en bourse. La démocratisation de l'actionnariat a joué un rôle crucial dans la popularisation de l'investissement passif.
2. **Déclin de l'avantage informationnel** : L'avantage informationnel des gestionnaires actifs a diminué en raison d'une série d'initiatives de déréglementation, comme l'Investment Company Act de 1940. Cette législation visait à prévenir un nouveau krach boursier, mais a également conduit à un secteur de l'investissement oligopolistique, avec un besoin limité de conseils en investissement au-delà de ce que les entreprises pouvaient offrir. Le déclin de l'avantage informationnel des gestionnaires actifs a rendu l'investissement passif plus attrayant pour les investisseurs.

La fin de l'ère du « Nifty Fifty »

L'essor de l'investissement passif a coïncidé avec la fin de l'engouement pour les « Nifty Fifty ». De 1973 à 1974, au plus fort de leur popularité, les investisseurs ont massivement spéculé sur une poignée d'actions « à décision unique » – des sociétés jugées si solides qu'elles étaient considérées comme des investissements à conserver indéfiniment. Cependant, la surévaluation de ces actions, dont certaines affichaient des ratios cours/bénéfice supérieurs à la règle des dix ans proposée par Francis Schaeffer, a mis en évidence les risques de la sélection active de titres et renforcé l'attrait de l'investissement passif.

Transition vers des stratégies passives modernes

La transition vers des stratégies passives modernes a marqué un tournant majeur dans la philosophie d'investissement. Lancés au milieu des années 1970, les fonds communs de placement indiciels permettaient aux investisseurs de s'aligner sur la performance des indices boursiers plutôt que de chercher à les surpasser. Cette approche constituait un moyen rentable d'obtenir une large exposition au marché et de minimiser les risques associés à la gestion active.

Impact sur le secteur de l'investissement

L'essor de l'investissement passif a transformé le secteur de l'investissement, offrant davantage de transparence et une réduction des coûts pour les investisseurs. À mesure que de plus en plus de particuliers adoptaient des stratégies passives, la demande de fonds indiciels et de fonds négociés en bourse (ETF) a explosé, consolidant ainsi la domination de l'investissement passif sur les marchés financiers.

En conclusion

Comprendre l'essor de l'investissement passif offre un éclairage précieux sur l'évolution des stratégies d'investissement. Le passage de la gestion active à la gestion passive a été motivé par le besoin de rendements réguliers, de rentabilité et d'accès au marché plus large. En comprenant le contexte historique et les principaux facteurs déterminants, les investisseurs peuvent apprécier les avantages et les limites de l'investissement passif dans le paysage financier actuel.

3

Idées fausses courantes

Malgré la popularité croissante des instruments d'investissement passifs comme les fonds indiciels et les ETF, certains investisseurs restent sceptiques quant à leur efficacité par rapport à la gestion active. Les détracteurs de l'investissement passif le contestent souvent en soulignant ses limites perçues et en le comparant aux stratégies « actives ». Démystifions certaines de ces idées reçues.

Idée fausse n°1 : l'investissement passif est inutile

Un argument fréquent contre l'investissement passif est l'idée qu'il n'est pas nécessaire de payer quelqu'un pour simplement investir dans l'indice S&P 500. Cette perspective simplifie à outrance la valeur de l'investissement passif. En réalité, l'indice S&P 500 a toujours été un moyen fiable de capter la performance économique supérieure du marché américain avec un risque relativement faible.

Idée fausse n° 2 : les opportunités actives sont supérieures

Une autre idée reçue est que l'investissement passif empêche les investisseurs d'accéder aux titres les plus prometteurs et innovants. Les critiques prônent souvent les investissements actifs, affirmant qu'ils offrent de meilleurs rendements. Cependant, cette idée ignore la performance constante des investissements passifs au fil du temps. Si les investissements actifs peuvent parfois surperformer, ils le font souvent au prix de risques et de frais plus élevés.

La réalité de la performance du marché

Comprendre l'histoire de la performance boursière américaine révèle la futilité de ces idées reçues. L'indice S&P 500, par exemple, a fait preuve de résilience et de croissance malgré les ralentissements économiques. Lors de la Grande Récession de 2008, l'indice a chuté d'environ 40 %, mais il a rebondi l'année suivante, soulignant sa stabilité à long terme. Les actions sont intrinsèquement volatiles en raison de l'offre et de la demande, de la conjoncture économique et d'événements imprévisibles. Cette volatilité est un aspect naturel de l'investissement, quelle que soit la stratégie.

La cohérence de l'investissement passif

L'investissement passif privilégie la croissance à long terme et l'exposition au marché, sans nécessiter de transactions fréquentes. Cette approche minimise les coûts et réduit les risques associés à la gestion active. La performance des investissements passifs, comme l'indice S&P 500, démontre leur capacité à générer des rendements stables dans le temps. Malgré les fluctuations du marché, la tendance générale est à la hausse, ce qui fait de l'investissement passif une stratégie viable pour de nombreux investisseurs.

Perspectives économiques

Des concepts économiques complexes expliquent pourquoi ces idées fausses sont trompeuses. L'investissement passif offre une large exposition au marché, des coûts faibles et un risque réduit, autant d'atouts attrayants pour de nombreux investisseurs. Les avantages à long terme des stratégies passives l'emportent sur l'attrait à court terme du trading actif, notamment si l'on considère les données de performance historiques.

En conclusion

Il est essentiel de dissiper ces idées reçues pour comprendre la véritable valeur de l'investissement passif. Si les stratégies actives peuvent paraître attrayantes, la régularité de leurs performances, leurs faibles coûts et la réduction des risques associés aux investissements passifs en font un atout majeur pour la croissance financière à long terme. En reconnaissant les réalités de la performance des marchés et les avantages des stratégies passives, les investisseurs peuvent prendre des décisions plus éclairées pour leur avenir financier.

4

Facteurs de risque dans les investissements passif

En raison du grand nombre d'investissements passifs potentiels, les indices qu'ils suivent évoluent constamment, contribuant à la volatilité des marchés. À mesure que l'économie évolue, les fonds doivent acquérir de nouveaux actifs et en vendre d'autres pour rester alignés sur l'indice mis à jour. Par exemple, en 2021, Tesla a rapidement progressé pour devenir l'une des entreprises les plus valorisées du S&P 500. Cette hausse rapide a incité de nombreux investisseurs à investir, entraînant une surévaluation du titre. Par conséquent, le titre Tesla a commencé à stagner jusqu'à sa sortie de l'indice. Ce scénario illustre comment des changements dans la composition d'un indice peuvent entraîner une surévaluation et des corrections de prix ultérieures.

Stratégies d'investissement techniques

Les stratégies d'investissement technique s'appuient souvent sur les données historiques de prix pour identifier les points d'achat et de vente potentiels. Les investissements passifs achètent généralement des actions lorsqu'elles sont ajoutées à un indice et les vendent lorsqu'elles en sont retirées. Cette approche peut entraîner une baisse de la demande des investisseurs particuliers et une réduction de la liquidité entre ces événements, ce qui peut accentuer les tendances baissières.

Manque de gestion active

Les fonds passifs ne disposent pas d'un gestionnaire actif capable de réagir aux baisses importantes des cours des titres en investissant activement dans des actifs censés surperformer le marché. Ils sont plutôt programmés pour acheter et conserver les titres de leur indice. Un exemple notable de ce phénomène s'est produit lors de la chute des marchés en mars 2020. L'ampleur et la rapidité de cette chute ont conduit certains fonds passifs à geler les rachats, empêchant les investisseurs de vendre sous l'effet de la panique. D'autres fonds ont été confrontés à d'importantes erreurs de suivi, la baisse de valeur de certains titres ayant entraîné des restrictions sur les nouveaux emprunts. Cela les a contraints à vendre d'autres participations pour faire face aux rachats, ce qui a encore impacté la valeur des actions encore négociées dans le fonds.

Volatilité du marché

L'un des principaux risques associés aux investissements passifs est la volatilité du marché. Les instruments d'investissement passifs reproduisent fidèlement l'indice boursier qu'ils suivent. Si cet indice sous-jacent fluctue fortement, la valeur de l'investissement suit la même tendance. Les données historiques montrent que la volatilité du marché est la règle plutôt que l'exception. Par exemple, de mi-2007 à 2009, le S&P 500 a subi une perte spectaculaire de près de 50 %. Cette volatilité a non seulement entraîné des pertes substantielles sur la valeur des investissements, mais aussi une baisse significative des revenus de dividendes potentiels. De nombreux investisseurs ont vendu leurs actions pour stopper leurs pertes, ignorant que ceux qui vendaient lorsque les cours étaient au plus bas étaient ceux qui perdaient le plus. Ce comportement réactionnaire est connu sous le nom d'« acheter haut et vendre bas », une voie sûre vers les pertes.

En réalité, l'investisseur passif a opté pour un fonds de « répartition d'actifs » avec une stratégie d'achat et de conservation aveugle. Lorsqu'une baisse de la valeur du portefeuille et des revenus de dividendes est combinée à une structure d'investissement peu diversifiée (ce qui signifie qu'une part substantielle de l'épargne est concentrée dans une seule classe d'actifs), la possibilité de prendre sa retraite à 60 ans peut être compromise. Une concentration excessive et un manque de diversification peuvent entraîner des catastrophes liées à des événements futurs imprévisibles et pousser la plupart des investisseurs à vendre leurs actifs par manque de tolérance aux fluctuations du marché. Pour éviter une telle réaction, il est nécessaire de disposer d'un portefeuille bien diversifié, ce qui est contraire à la doctrine de l'investisseur passif.

Manque de gestion active

L'une des principales caractéristiques de l'investissement passif est l'absence de gestion active, ce qui entraîne des frais de gestion nettement inférieurs. Cependant, cela présente certains inconvénients. Au lieu de se concentrer sur l'allocation et la gestion active, un gestionnaire de fonds passif se concentre uniquement sur la quantité et les caractéristiques des actifs de l'indice choisi. Il n'est pas nécessaire de recourir à une gestion active pour modifier la structure du fonds, ce qui peut entraîner des conséquences négatives. Le portefeuille du fonds est créé une fois pour toutes et reste inchangé jusqu'à la fin de son existence. Cependant, un investisseur passif constatant une baisse de la valeur de marché peut être amené à revoir la composition du fonds.

Des limites sont fixées à ces opérations. Un fonds passif ou une société par actions est reconnu par les investisseurs comme un mécanisme permettant de répliquer le rendement d'un indice de référence choisi. Le rendement du fonds est géré de manière à s'aligner sur celui de l'indice, minimisant ainsi les erreurs de suivi. Les investisseurs dans ces fonds se retirent généralement après une période de performance faible ou négative. Ainsi, si l'investissement passif implique une intervention minimale des gestionnaires de fonds, il peut conduire à une intervention active des investisseurs eux-mêmes. Si un investisseur passif n'est pas préparé à des baisses de prix rapides et commence à vendre précipitamment des actifs de son portefeuille, cela peut coïncider avec un creux du marché, aggravant ainsi les pertes.

En conclusion

Comprendre les facteurs de risque associés aux investissements passifs est essentiel pour prendre des décisions financières éclairées. La volatilité des marchés, l'absence de gestion active et les difficultés inhérentes au suivi indiciel peuvent tous impacter la performance des fonds passifs. En reconnaissant ces risques, les investisseurs peuvent mieux appréhender les complexités de l'investissement passif et élaborer des stratégies pour atténuer les risques de baisse.

5

Études de cas d'échecs d'investissement passif

Étude de cas : Lundi noir

Le krach boursier d'octobre 1987, connu sous le nom de « Lundi noir », illustre parfaitement les risques associés aux investissements passifs. Avant le krach, le rendement des obligations du Trésor américain à 10 ans a augmenté régulièrement, les investisseurs réagissant aux perspectives d'inflation galopante et d'érosion du pouvoir d'achat due à la faiblesse du dollar américain. Cette hausse était due au vote du Congrès américain sur le relèvement du plafond de la dette. La frénésie de ventes qui en a résulté a fait chuter les rendements obligataires de 120 points de base le 20 octobre 1987. Malgré les fluctuations de diverses composantes du marché, le Dow Jones Industrial Average (DJIA) a poursuivi sa trajectoire baissière tout au long de la semaine, culminant avec le krach du Lundi noir.

Le Crash

Le 19 octobre 1987, le DJIA a chuté de 22,61 % en une seule journée – une chute catastrophique qui a pris de court de nombreux investisseurs. Ceux qui avaient investi passivement dans les bons du Trésor américain pensaient peut-être avoir suffisamment diversifié leurs portefeuilles pour se protéger de la volatilité des marchés boursiers. Cependant, la soi-disant « valeur refuge » des bons du Trésor américain a chuté de 4,66 % le même jour. Cette chute inattendue de la valeur des bons du Trésor a mis en évidence les limites des stratégies de diversification passives.

Impact sur les contrats à terme sur obligations

Pour souligner l'ampleur des turbulences financières, les contrats à terme sur obligations à long terme ont chuté de 9,7 % lors du Lundi Noir. Même si les marchés à terme limitaient initialement la variation des contrats à terme sur obligations du Trésor américain à 30 ans à 2 points par jour, cette restriction a été levée le 20 octobre, provoquant une chute de 17,7 % des contrats à terme sur obligations à long terme en seulement deux jours. La simple anticipation d'un écart de taux d'intérêt accru entre les obligations du Trésor à long terme et les composantes du Dow Jones a entraîné une baisse significative des prix des obligations du Trésor, démontrant l'interdépendance des composantes du marché et les défis de la couverture contre des défaillances de marché aussi généralisées.

Leçons apprises

Le krach du lundi noir révèle plusieurs leçons cruciales pour les investisseurs qui s'appuient sur des stratégies passives :

- **Limites de la diversification** : Détenir un portefeuille diversifié d'investissements passifs ne garantit pas une protection contre la volatilité des marchés. La corrélation entre différentes classes d'actifs peut entraîner des baisses simultanées, compromettant ainsi la sécurité perçue.
- **Interdépendance des marchés** : Les marchés financiers sont fortement interconnectés, et les événements affectant un secteur peuvent avoir des répercussions en cascade sur les autres. Les investisseurs passifs doivent comprendre que les facteurs économiques externes peuvent avoir un impact significatif sur leurs portefeuilles.

- **Manque de gestion active** : Les investissements passifs ne bénéficient pas des ajustements proactifs que la gestion active peut apporter. En période de crise sur les marchés, l'absence d'un gestionnaire actif pour gérer la volatilité peut entraîner des pertes substantielles.

En conclusion

Le krach du Lundi noir nous rappelle avec force les risques inhérents à l'investissement passif. Si les stratégies passives offrent des avantages tels que des coûts réduits et une large exposition au marché, elles ne sont pas à l'abri des événements extrêmes. En reconnaissant ces risques et en comprenant les limites des stratégies passives, les investisseurs peuvent prendre des décisions plus éclairées et envisager une combinaison de gestion passive et active pour atténuer les inconvénients potentiels.

6

Stratégies d'atténuation des risques dans les inve

Les conclusions de Dylan et Kimberly suggèrent que les investisseurs peuvent se prémunir contre certains risques associés aux placements passifs en diversifiant leurs portefeuilles sur un large éventail de zones géographiques et de secteurs. « Après tout », écrivent-ils, « le principal avantage de la stratégie d'indexation à faible coût réside sans doute dans la diversification du portefeuille qu'elle offre. » La diversification peut contribuer à réduire les pertes lorsque des marchés ou des secteurs spécifiques connaissent des ralentissements, même si elle peut comporter son lot de difficultés.

Compléter les stratégies passives par la vigilance

Pour réduire l'exposition à la dangereuse dépendance aux fluctuations boursières inconsidérées, avides ou dictées par la panique, les investisseurs devraient compléter leurs stratégies passives par une vigilance accrue. Ces stratégies encouragent une surveillance au moins annuelle des conditions de marché qui sous-tendent les fluctuations boursières à faible risque générées par l'indexation. Les institutions qui proposent des produits passifs ont l'obligation de s'assurer que les particuliers surveillent activement leurs investissements. Heureusement, de nombreux investisseurs particuliers font déjà preuve de cette vigilance, gérant activement leurs portefeuilles malgré la détention d'actions « sûres ».

Les investisseurs peuvent également imposer leur propre discipline en se débarrassant d'actions ou de fonds entiers lorsque la situation évolue et en se tournant vers de nouveaux investissements plus performants dans le contexte actuel. Cette approche active permet de garantir qu'un portefeuille est « réinitialisé » et fonctionne selon les fondamentaux actuels.

Diversification

La diversification est un outil essentiel de réduction des risques en investissement, particulièrement important pour les fonds passifs. En répartissant les investissements sur différents facteurs (régions géographiques, secteurs d'activité et classes d'actifs), les investisseurs peuvent minimiser leur exposition au risque. Cette approche réduit le risque que toutes les options ou tous les actifs d'investissement soient impactés négativement simultanément.

Les fonds passifs suivent souvent les marchés, avec des indices définis de diverses manières (par exemple, pondérés en fonction de la capitalisation boursière). Les investisseurs individuels, les entreprises et les institutions publiques peuvent protéger la valeur de leurs investissements en intégrant la diversification à leur stratégie globale. Il convient de noter que la diversification n'augmente pas nécessairement la valeur ni n'empêche les pertes, mais elle augmente la probabilité de résultats futurs favorables compte tenu des conditions de marché. Du point de vue du risque, la diversification affecte la structure de covariance, la répartition des rendements et la variance du portefeuille.

Par exemple, avec 12 secteurs industriels définis par la classification industrielle mondiale (GICS) au sein du Russell 1000, un investisseur appliquant une stratégie de diversification à pondération égale exposerait environ 8,33 % de son portefeuille au risque dans chaque secteur. Il pourrait également investir davantage dans certains secteurs comme les technologies de l'information et la santé, et moins dans d'autres comme l'immobilier et les biens de consommation de base.

Surveillance et rééquilibrage réguliers

Même sans gestion active, un suivi et un rééquilibrage réguliers sont essentiels pour maintenir la répartition d'actifs souhaitée. Les gestionnaires de fonds passifs doivent surveiller chaque actif au moins une fois par an afin de s'assurer que le portefeuille reste aligné sur ses objectifs. Au fil du temps, l'évolution des conditions de marché peut entraîner un écart entre la répartition initiale du portefeuille et son objectif initial.

Avoir un objectif clair en tête peut indiquer le moment opportun pour rééquilibrer le portefeuille. Bien que l'évolution des marchés puisse modifier les pondérations souhaitées, un investisseur pourrait souhaiter accroître son exposition aux actifs en hausse (par exemple, les actifs réels) tout en gérant les contraintes réglementaires et les éventuelles implications fiscales.

Le rééquilibrage permet de maintenir le profil de risque du portefeuille et de garantir son adéquation avec les objectifs financiers de l'investisseur. En ajustant régulièrement la répartition des actifs, les investisseurs peuvent atténuer l'impact de la volatilité des marchés et d'autres facteurs externes.

En conclusion

Atténuer les risques liés aux investissements passifs nécessite une combinaison de diversification, de suivi régulier et de rééquilibrage. En répartissant les investissements entre différentes régions, secteurs et classes d'actifs, les investisseurs peuvent réduire leur exposition à des risques spécifiques. Compléter les stratégies passives par une vigilance et des ajustements réguliers permet de maintenir l'alignement du portefeuille avec les objectifs financiers et les conditions de marché. Comprendre ces stratégies permet aux investisseurs de maîtriser les complexités de l'investissement passif et d'atteindre une réussite financière à long terme.

Conclusion

Dans cet essai sur le faux sentiment de sécurité des investissements passifs, j'ai soutenu que si ces investissements sont souvent vantés pour leur capacité à offrir des rendements moyens, voire supérieurs à la moyenne, à faible coût et avec une grande efficacité, ils présentent également plusieurs inconvénients majeurs souvent négligés. Deux de leurs principaux inconvénients sont la croyance erronée en l'efficience du marché et l'idée fausse selon laquelle les bénéfices des investissements actifs ne justifient pas leurs coûts.

Efficacité du marché et risque latent

L'hypothèse selon laquelle les marchés sont parfaitement efficients et que les investissements passifs surperformeront toujours est fondamentalement erronée. Les investisseurs ordinaires ne peuvent souvent pas négocier aussi fréquemment ni aussi efficacement que la dynamique du marché le suggère. Il en résulte un risque latent et, sans doute, une fragilité au sein de leurs portefeuilles. De plus, cela peut entraîner une inadéquation entre le portefeuille de l'investisseur et sa préférence temporelle pour le risque, ce qui peut compromettre ses objectifs financiers.

Risque moral collectif

De plus, les investissements passifs comportent une forme d'aléa moral collectif. Si les investisseurs individuels peuvent éviter la spéculation, le large bassin d'investisseurs d'un fonds d'investissement passif n'échappe pas aux conséquences négatives. Ce comportement collectif peut engendrer des conséquences néfastes, telles qu'une diminution de la confiance sociale et un affaiblissement du sentiment d'appartenance à la communauté et de continuité. Les vastes implications d'un recours exclusif aux investissements passifs peuvent compromettre la préservation et la pérennité des valeurs chères aux investisseurs.

Équilibrer les stratégies actives et passives

En conclusion, si les investissements passifs sont largement utilisés à l'échelle mondiale par divers investisseurs individuels et organisations, il est essentiel d'en reconnaître les risques potentiels et les idées fausses. Adopter une approche équilibrée intégrant des stratégies actives et passives peut contribuer à atténuer ces risques. La gestion active permet de s'adapter aux fluctuations du marché, tandis que les stratégies passives offrent une rentabilité optimale et une large exposition au marché. En étant conscients du faux sentiment de sécurité que peuvent susciter les investissements passifs, les investisseurs peuvent prendre des décisions plus éclairées et sécuriser plus efficacement leur avenir financier.

Références

1. « Propriété physique : vous pouvez l'emporter avec vous. » Ce livre aborde trois principales méthodes d'investissement dans l'or : l'achat d'or physique, l'achat d'actions de sociétés minières aurifères et l'achat d'actions d'un fonds détenant des lingots d'or physique. Chaque méthode présente ses avantages et ses inconvénients.
2. « Enquête : les fonds de placement qui suivent l'indice devraient connaître les plus fortes entrées de capitaux. » Rapports sur trois sociétés de fonds en Inde – Kotak, IDBI et Gold – qui proposent des ETF répliquant des indices diversifiés, avec des ratios de frais particulièrement bas de 0,80 %.
3. Régime de retraite obligatoire de l'Ontario : analyse de la façon dont les relevés de prestations, les projections de retraite et les rapports sur la valeur actualisée sont fondés sur les taux des obligations d'État à faible risque. Souligne les insuffisances potentielles dans la génération de rendements réels pour protéger contre l'inflation et la longévité des rentes et des fonds de revenu viager (FRV).
4. « Les Robo-Advisors : pas aussi simples et faciles qu'ils le paraissent. » Ce document explore comment les Robo-Advisors utilisent des combinaisons de fonds négociés en bourse (FNB) pondérées en fonction du capital pour maintenir des coûts de transaction et des ratios de frais de gestion (RFG) faibles. Il souligne la forte corrélation entre les combinaisons d'investissement des différents Robo-Advisors et l'utilisation courante de 3 à 5 % de liquidités pour maintenir une allocation d'actifs stratégique stable en période de volatilité des marchés.

www.ingramcontent.com/pod-product-compliance
Lightning Source LLC
LaVergne TN
LVHW040003051026
849525LV00007B/1551